UN CRITIQUE D'ART

AU XIXe SIÈCLE

UN CRITIQUE D'ART AU XIXE SIÈCLE

PAR

PIERRE PETROZ

PARIS
ANCIENNE LIBRAIRIE GERMER-BAILLIÈRE ET Cie
FÉLIX ALCAN, ÉDITEUR
108, BOULEVARD SAINT-GERMAIN

1884

Un de mes confrères, rendant compte il y a quelques années d'un livre paru récemment, m'engageait dans un article trop bienveillant à faire pour les critiques d'art ce que je venais de faire pour les artistes. Il aurait fallu recommencer le travail qui déjà m'avait pris tant de temps, feuilleter de nouveau la plume à la main les collections de journaux, les revues, les brochures où des hommes, d'une compétence souvent douteuse, ont émis sur les arts des opinions plus ou moins banales, plus ou moins excentriques pendant plus d'un demi-siècle. Je reculai devant cette longue et fastidieuse besogne. Je croyais d'ailleurs, je crois en-

core, avoir donné des renseignements assez complets, avoir suffisamment multiplié les citations pour qu'il soit possible, en lisant avec quelque attention L'Art et la Critique en France depuis 1822, *de se faire une idée précise, exacte, positive de l'esprit général, des tendances diverses des critiques d'art avant, pendant et après la grande querelle des classiques et des romantiques.*

Cette courtoise invitation ne pouvait cependant ni ne devait rester absolument sans réponse. Elle m'a suggéré la pensée de définir les qualités qui constituent le vrai critique, l'historien de l'art, de déterminer les conditions morales, les connaissances accessoires les plus favorables à leur développement. Je ne les ai pas conçues d'une façon abstraite, attributs particuliers d'un type idéal doté d'innombrables perfections comme tous les êtres de raison. J'ai préféré les montrer pour ainsi dire en action, et j'ai cherché parmi les principaux critiques d'art de notre siècle et de notre pays quel était celui qui les a possédées au plus haut point et l'a le mieux manifesté dans l'appréciation des œuvres, soit du présent, soit du passé. Il m'a semblé que T. Thoré, ou si l'on veut W. Bürger, nom adopté en exil par Thoré après le coup d'État du 2 Décembre, était celui-là. Son talent a suivi jusqu'au dernier jour une marche ascendante. Il était exempt de pédantisme, cette plaie de la critique, il se passionnait pour ou contre les choses dont il parlait, il n'avait d'autre souci que l'intérêt de la vérité et de la justice et il avait en quelque sorte l'intuition du progrès. La justesse et la fermeté de ses idées, l'ingéniosité et l'ampleur de ses aperçus en matière d'art me décidèrent à étudier sa vie — sa vie intellectuelle bien entendu — avec autant de soin qu'elle le mérite, et un examen approfondi de ses travaux, plus variés, plus sérieux, plus importants qu'on ne le suppose d'ordinaire, confirma ma première impression.

Je réimprime aujourd'hui cette étude publiée d'abord dans la revue La Philosophie positive, *ainsi que celles qui ont été réunies en volume sous le titre de* L'Art et la Critique en France depuis 1822. *Je compte sur un lecteur, le confrère qui m'a incité à l'écrire et qui probablement n'en connaît pas un seul mot. Je souhaiterais fort d'en avoir quelques autres; mais j'ai, depuis longtemps, passé l'âge des illusions.*

Février 1884.

UN CRITIQUE D'ART

AU XIXe SIÈCLE

La critique, au XIXe siècle, a joué un rôle considérable. Les esprits les plus divers s'y sont exercés. Historiens et philosophes, littérateurs et érudits, écrivains de tout ordre et de toute provenance ont à l'envi fait œuvre de critique à propos de questions ou de productions qui ne rentraient que fort indirectement dans le cercle de leurs études et de leurs travaux habituels. La plupart semblent avoir cru qu'on peut impunément se servir, dans une certaine catégorie d'idées, d'une méthode particulière à une autre catégorie, d'un caractère différent, plus ou moins élevé, plus ou moins complexe, et se passer d'une doctrine générale, régulatrice de toute appréciation, de toute conception intellectuelle ou morale. Aussi ils ont émis des opinions ingénieuses, parfois neuves et justes, ils ont écrit des dissertations souvent brillantes et spirituelles; mais ils ont rarement essayé de rattacher le sujet dont ils s'occupaient à une série de faits vérifiés, ou tout au moins vérifiables, et de le classer à son rang dans l'ensemble des choses. Il en est résulté que beaucoup de brochures, beaucoup d'articles de revues ou de journaux, d'un assez vif intérêt au moment de leur publication et ayant eu alors du retentissement, paraissent aujourd'hui sans valeur ni signification, et sont, en quelque sorte, illisibles.

Cela est vrai surtout d'une foule d'écrits relatifs aux Beaux-Arts. Les comptes rendus des Expositions de peinture et de sculpture en formaient la partie principale, et c'est fort exceptionnellement qu'on y rencontre quelque vue originale et raisonnée, quelque notion précise sur les conditions générales de l'art, sur son passé, son avenir, ou même son état présent. Les auteurs de bon nombre d'entre eux s'estimaient aptes à parler de tableaux et de statues uniquement parce qu'ils les aimaient, s'y intéressaient et en avaient vu en quantité. Poètes, romanciers, fantaisistes de tout genre, égarés dans la critique, convaincus que l'art ne relève que de lui-même, ils se sont bornés d'ordinaire à des observations purement techniques et à des descriptions d'un style pittoresque. Si habilement ciselées, si chaudement colorées soient-elles, des phrases que ne soutient pas une pensée substantielle perdent peu à peu de leur relief, de leur éclat primitif, et finissent au bout de dix ans, de vingt ans au plus, par ressembler à des oripeaux défraîchis.

Les plus avisés ont senti la nécessité d'appuyer leurs jugements et leurs théories sur quelque chose de moins fragile, de moins contestable que de simples raisons de sentiment. Ils ont cherché les analogies, les corrélations de l'art avec les autres manifestations de l'activité humaine. Voulant le soumettre au contrôle de la branche de nos connaissances qui leur a paru en expliquer, en définir le mieux le caractère et le développement, ils ont choisi tantôt la philosophie, qui les a conduits, par la psychologie, à de subtiles analyses assez inefficaces, par la métaphysique aux rêveries de l'absolu, tantôt l'histoire de l'art qui leur a enseigné tout de ce qu'il a été, rien de ce qu'il sera ou doit être. Bien peu ont compris que ce qu'il fallait avant tout prendre pour guide c'était l'histoire générale et l'économie sociale. Un seul peut-être l'a fait franchement, d'une manière consciente, persévérante et résolue. Celui-là est à la fois un exemple et un modèle. Des six sciences fondamentales, la sociologie est celle, en effet, à laquelle l'esthétique, ou, plus modestement, la critique d'art, se relie directement.

T. THORÉ — W. BURGER

I

La mise en pratique du précepte doctrinaire que la vie privée doit être murée, n'est nullement nécessaire avec notre critique d'art. Raconter son existence personnelle, intime, montrer ce qu'il a été à l'égard de ses proches, de ses amis, de ses coreligionnaires politiques, de tous ceux qui souffraient et qu'il était à même d'aider ou de secourir, ne pourraient qu'augmenter la sympathie pour lui. Mais il s'agit principalement ici de la formation et de l'enchaînement logique de ses idées. Quelques mots suffiront donc à sa biographie proprement dite.

Étienne-Joseph-Théophile Thoré, né à La Flèche, le 23 juin 1807, appartenait à une famille de cultivateurs et de marchands. Il était tout jeune quand il perdit son père, fut mis au collège de La Flèche, et, après de bonnes études, alla faire son droit d'abord à Poitiers, ensuite à Paris. Affilié à la Charbonnerie, il prit une part active à la Révolution de 1830 et fut nommé, au mois d'août de cette année, substitut du procureur du roi à La Flèche. Organe du ministère public d'une nouvelle espèce, il était plus disposé à excuser ou même à défendre les prévenus qu'à requérir contre eux. Cependant, lorsque les légitimistes ou, ainsi qu'on les appelait alors, les carlistes, s'agitèrent dans le département de la Sarthe, il n'hésita pas à lancer des mandats d'amener contre ces fauteurs de désordres ultra-monarchistes. Il s'aperçut bientôt que la magistrature, assise ou debout, n'était pas du tout son fait ; il donna sa démission et revint à Paris, où il entra dans la presse militante la plus avancée, comme publiciste et critique d'art.

Le parti démocratique était dès lors divisé en deux groupes distincts. Dans l'un, on continuait, en tâchant de l'accélérer, l'œuvre du libéralisme de la Restauration, on aspirait simplement à substituer la forme républicaine à la forme monarchique; dans l'autre, on jugeait ce changement insuffisant, et l'on pensait que aucune réforme sérieuse n'était possible si l'on ne modifiait certaines institutions sociales. Thoré était de celui-ci. Il voyait le mal, il cherchait le remède; il comprenait que la base nécessaire de toute organisation politique plus rationnelle et plus juste était une philosophie nouvelle, différente de celle qui dominait; il se laissa séduire par les idées métaphysico-économiques de Pierre Leroux. Elles avaient, à ses yeux, ce mérite décisif de proposer un but philosophique, la science générale, un but politique, l'égalité; de remplacer la notion d'absolu par celle d'évolution; d'être systématiques, synthésiques, et d'attacher une grande importance à l'étude des ressorts de l'être collectif. Elles étaient, en outre, identiques à ses propres idées sur la grave question de la propriété. Contrairement aux professeurs de l'école officielle, Thoré pensait que la science économique doit s'occuper encore plus de la répartition que de la production des r chesses. Il se défendait d'attaquer la pr priété, « car qui dit société dit propriét autrement droit de l'homme sur certaine choses extérieures à lui, » seulement il r marquait que la propriété, son objet, la m nière de l'acquérir ont subi avec les siècle divers changements et qu'ils peuvent c subir de nouveau. Il considérait l'agglom ration des forces individuelles comme meilleur moyen d'empêcher les prolétaire de mourir de faim et de misère, ainsi qu'o le voit dans les pays politiquement les plu avancés, tels que la France et l'Angleterr et il devait forcément sympathiser avec de républicains qui prenaient pour devise : L berté, Égalité, Association (1).

La théorie de l'évolution trouvait son a plication aussi bien dans l'art que dans l politique et l'économie sociale. Thoré, quo qu'il ne regrettât pas le moyen âge à l'exem ple des vrais et purs romantiques et pr testât contre l'institution catholique, reco naissait que le moyen âge avait produ d'admirables ouvrages, manifestations p

(1) *Le Réformateur. La Revue républicaine,* 1834.

pulaires où l'on découvre « les germes de nos destinées futures. » Les religions lui paraissaient de grandes associations qui, fondées sur une conformité de croyance, ont eu leur art représentant les sentiments généraux. Si l'art était devenu stationnaire ou même avait rétrogradé et adopté certains types invariables du beau, c'était que, la synthèse chrétienne ayant, depuis Luther, cessé de régner sur le monde et n'ayant été remplacée par aucune autre foi, il était resté étranger à l'évolution générale. Mais, grâce à la nouvelle école philosophique, mise en lumière par la révolution de 1830, on s'éloignait d'un matérialisme desséchant, on revenait aux idées religieuses ou sentiments plus généreux, et l'art allait pouvoir se proposer la mission, sainte et éternelle, de diriger les hommes dans les voies de la Providence, c'est-à-dire dans celles de leur amélioration et de leur perfectionnement : « descendre au cœur de l'époque, rendre aux beaux-arts leur caractère social, » telle était, suivant Thoré, « l'évolution à consommer » (1).

(1) *L'Artiste*, 1834.

Cette espèce de mysticisme humanitaire ne s'était pas emparé de Thoré au point de paralyser, ni même de ralentir son activité intellectuelle. Sa foi, en ce qu'on a appelé tantôt le dogme de l'avenir ou du progrès, tantôt la religion de l'humanité, était ardente, entière; mais il ne voulait ni se borner à l'affirmer, ni l'imposer; il entendait en démontrer la vérité par des faits constants, des observations précises, des déductions rationnelles. Curieux, à toutes les époques de sa vie, des choses de l'esprit, il avait, étant à l'École de droit, étudié certaines parties des sciences, en particulier de la biologie : il demanda à la phrénologie la confirmation de ses idées philosophiques, sociales et esthétiques.

Ce qui le frappait et l'enthousiasmait dans le système de Gall, ce n'était pas seulement la conception scientifique, dont cependant il tenait grand compte, ni même le parti qu'en pouvaient tirer l'art et les artistes, c'était aussi, c'était peut-être surtout les conséquences qui en découlaient, ou du moins lui semblaient en découler. Avec ce système, la dualité chrétienne « dieu et diable, esprit et matière, âme et corps, bien et mal, beau et laid », était réduite à néant : on s'acheminait vers l'unité, but suprême à atteindre. Dès que chaque être humain avait, en vertu de son organisation, des penchants, des aptitudes, des talents déterminés, une vocation et une mission à remplir, l'éducation avait pour but de développer tous ces éléments et de les approprier aux nécessités générales de la société : de là, deux éducations, l'une morale et solidaire devant « harmoniser les hommes et les diriger vers leur destination collective » ; l'autre personnelle et tendant « à élever l'individu dans la hiérarchie sociale par la puissance de ses sentiments, de ses idées ou de ses actes. » « L'éducation, écrivait Thoré, doit surtout se proposer d'équilibrer en quelque sorte chaque individualité. Quand elle aura bien sérieusement étudié l'enfant, elle devra exalter chez lui les qualités naturelles qui sont en moins, et au contraire comprimer dans les limites normales certains penchants qui tendent quelquefois à absorber les autres. L'éducation doit continuer ainsi sa tutelle, sa direction et son appui à tous les hommes et les conduire pendant toute leur vie. On peut dire en ce sens que l'éducation sociale e destinée à remplacer la pénalité... L'éduc tion prise au point de vue phrénologiq est donc la plus populaire, la plus équitabl la plus rationnelle, disons-le, la plus rév lutionnaire en politique, puisqu'elle tend pousser tous les hommes dans la voie c leur génie, et qu'elle aura pour résultat c substituer la valeur personnelle au class ment aveugle de la naissance, le droit c l'intelligence et de la moralité au droit c l'héritage » (1).

La phrénologie, toutefois, telle que comprenaient Gall et ses disciples, ne s tisfaisait pas pleinement Thoré. Elle l paraissait limitée, circonscrite, rapetiss plus qu'il ne convenait. Il reprochait a phrénologistes de réagir trop radicaleme contre les spéculations abstraites, de r prouver d'une manière trop absolue tout les théories qui ne reposent pas directeme sur les faits et sur l'analyse, d'être injust et même inintelligents à l'égard des religio et des philosophies. Il pensait, quant à l

(1) *Dictionnaire de phrénologie et de physiognomoni l'usage des artistes, des gens du monde, des instituter des jurés, etc.* In-16, 1836.

que la phrénologie, branche importante de l'anthropologie, ou science de l'homme, était l'annonce et la base d'une nouvelle philosophie religieuse qui relierait l'homme à Dieu, qu'elle menait fatalement au panthéisme et que c'était en tant que panthéistique qu'il fallait en affirmer l'existence, « car l'avenir est au panthéisme. » Il ne savait pas encore combien est équivoque et décevante toute doctrine dans la dénomination de laquelle figure le vocable *théisme*. Il prétendait que, si le *comment* des choses est l'objet des sciences, les religions seules donnent une solution relative du *pourquoi*. Plus tard, il est complètement revenu de son erreur, mais à cette époque il avait l'illusion de la métaphysique.

Sentant le besoin d'une doctrine générale, Thoré s'était, faute de mieux, jeté dans le panthéisme dont les formules outrecuidantes et arbitraires, mais d'apparence simple et grandiose, plaisaient à son imagination. Convaincu que la réorganisation de la société était juste, nécessaire, urgente, il côtoya d'assez près le communisme. Cette pensée, en quelque sorte, l'obsédait. Après avoir exposé succinctement les principes de

Babeuf et de son école, il examinait le Manifeste des Egaux et en faisait ressortir les absurdités et les contradictions. Mais il constatait qu'une notable fraction du parti démocratique s'était ralliée au babouvisme, et il déclarait que les babouvistes actuels, bien qu'ils ne possédassent pas des solutions lumineuses et eussent conservé la plupart des erreurs du babouvisme primitif, étaient « cependant plus avancés que les indifférents qui se tiennent en dehors des questions sociales. En vertu de la fraternité ils ont posé le problème de l'association. C'est à merveille. Ils cherchent à le résoudre avec des formules vieilles de cinquante ans. Ils se trompent » (1).

Les tendances babouvistes de la majorité des ouvriers des grandes villes étaient niées, méconnues ou dissimulées par les républicains non socialistes, qui répétaient chaque jour que jamais le parti démocratique n'avait été plus nombreux, plus fort ni plus uni. Thoré, jugeant les subterfuges et les fictions plus nuisibles qu'utiles, exposa la situation telle qu'elle était réellement. Le parti démo-

(1) Babouvisme. *Dictionnaire politique*. 1839-1842.

cratique devenait de jour en jour plus nombreux et plus fort, cela était vrai; mais il s'en fallait de beaucoup qu'il fût uni. A s'en tenir simplement aux principales divisions, on y rencontrait d'abord les républicains de la classe moyenne, qui ne s'occupaient et ne voulaient s'occuper que de la réforme électorale; ensuite les démocrates plébéiens qui désiraient savoir ce que l'on ferait après une révolution politique et se proposaient d'arriver à l'égalité sociale, dont ils s'inquiétaient avant tout, par la mise en pratique de théories confuses ou incomplètes, presque entièrement empruntées aux écrits de Babeuf et de ses disciples; enfin des hommes jeunes, ardents, éclairés, qui sans être des sectaires, avaient sur divers points des idées et des sentiments analogues à ceux des radicaux, communistes et révolutionnaires. Ces derniers se distinguaient par une manière plus saine, plus juste, de comprendre les besoins des sociétés humaines et les conditions auxquelles est assujetti tout progrès véritable. A l'encontre des babouvistes, qui prétendaient sévèrement retrancher « tout ce qui n'est pas communicable, » ils voulaient élever et développer les intelligences par l'éducation ; loin de demander au passé les moyens de résoudre les difficultés du présent, ils attendaient de l'avenir la solution du problème politique et social, et ils affirmaient « que l'humanité n'a jamais qu'une connaissance relative et indéfiniment perfectible de la vérité, que, par conséquent, les doctrines absolues et *à priori*, sans la participation du peuple tout entier, n'ont point de chance de vie » (1).

Il était difficile de toucher à de pareilles questions sous le Gouvernement de Juillet, sans éveiller les susceptibilités du parquet. Quoique sa brochure fût, à bien prendre, une énumération de faits sociaux et politiques plutôt qu'un pamphlet, et que la forme n'en fût ni violente, ni même très agressive, Thoré fut traduit en cour d'assises. Avant que son défenseur prît la parole, il présenta lui-même, aux jurés et à la cour, d'assez longues observations relativement à l'esprit qui animait la démocratie et à quelques-uns des passages incriminés. Il montra, entre autres, la différence qui existe entre la loi

(1) *La Vérité sur le parti démocratique.* In-8, 1840.

agraire et le communisme, il fit ressortir les vices de l'une, les inconvénients de l'autre, et il définit le caractère de la propriété moderne. Il avait parlé avec éloge dans sa brochure du *Qu'est-ce que la propriété?* de Proudhon, qui avait paru récemment. Il expliqua comment un fermier, faisant produire trois à la terre qu'il cultive, donne deux au propriétaire qui n'a nullement contribué à la production, et garde seulement un pour ne pas mourir de faim et continuer de travailler au profit du détenteur du sol; et il demanda si l'on n'était pas « autorisé à croire que, dans l'avenir, l'homme émancipé ne travaillerait plus pour un maître, mais pour tous ses co-associés et pour lui-même. » Avec une argumentation de ce genre, il semblait plus que probable que Thoré serait déclaré coupable d'attaque contre la propriété. Il fut acquitté sur ce chef d'accusation; mais sur les trois autres, attaque contre le respect dû aux lois, apologie de faits qualifiés crimes par les lois pénales, provocation à la haine entre les diverses classes de la société, il fut condamné au maximum de la prison, et, en vertu des lois de septembre 1835, au double du maximum de l'amende. Thoré dut ce jour-là relire avec une assez amère satisfaction, en les appliquant aussi aux jurés « probes et libres » de la quasi-légitimité, ces lignes de son *Dictionnaire de phrénologie :* « Les hommes les plus arriérés de la société sont et doivent être, à toutes les époques, les magistrats, et généralement tous les hommes de loi. Car la loi est toujours l'expression du passé, elle consacre les faits accomplis, l'état des mœurs. Elle n'est jamais ouverte à l'avenir... Les hommes de loi sont par leur essence les représentants de ce qui est contre ce qui sera bientôt, des éléments déjà vieillis contre les éléments qui réclament le grand jour. » Et il n'appela pas du jugement de la cour d'assises.

La prison n'eut pas d'influence sur la manière de voir et d'agir de Thoré, qui n'était pas homme à se laisser intimider ou corrompre. Il y était encore quand il publia de nouveau quelques pages sur le communisme (1). Il avait divisé son sujet en deux parties. Dans la première, il répétait ce qu'il avait avancé précédemment, que le

(1) *Revue indépendante*. 1841.

panthéisme est la philosophie du communisme, que l'un et l'autre renaissent toujours ensemble aux époques qui servent d'intervalles entre « deux religions, ou, si l'on veut, deux civilisations, qui les séparent pour les unir ; » mais il ne se posait plus en adepte du panthéisme. Dans la seconde, il établissait que le communisme, négation de la société actuelle, désir confus d'améliorer le sort du peuple, était vrai comme sentiment équivalent au sentiment de l'égalité ; mais il le déclarait incapable d'enfanter directement une pratique durable. Il faisait allusion, il est vrai, à une doctrine qui n'était ni l'affirmation des idées catholiques et féodales, ni la confusion des idées purement négatives ; mais il ne la caractérisait d'aucune façon, si ce n'est en annonçant qu'elle commençait à pressentir un nouveau dogme en religion et un nouveau droit en politique ; or, une doctrine qui se borne à « pressentir » n'est pas une doctrine, il le savait aussi bien que personne.

Passer de la théorie de la propriété à la théorie de la communauté, de celle-ci à celle-là, montrer tour à tour les avantages et les désavantages de toutes deux, et n'avoir pas un principe fixe permettant de s'acheminer vers une solution, ou, si on l'aime mieux, une conciliation rationnelle, était une entreprise dans laquelle on devait user ses forces en pure perte. Thoré le comprit peut-être instinctivement. « En vertu de quelle philosophie, avait-il écrit peu de temps auparavant, se continue donc le mouvement politique du dix-neuvième siècle qui annonce autant d'éclat que le dix-huitième ?..... Est-ce qu'il n'y a pas une doctrine efficiente sous ces sentiments et sous ces faits ? Ou bien le monde politique est-il destiné à attendre encore qu'une nouvelle religion échauffe tous les cœurs ? — Ayons confiance toutefois dans la vertu du peuple » (1). Il était arrivé, ou bien près d'arriver, au socialisme indéterminé, c'est-à-dire, au socialisme qui, constatant dans la société des misères imméritées, d'injustes et monstrueuses inégalités, compte, pour les combattre, les amoindrir ou même les annuler, sur les données de l'expérience, sur un meilleur équilibre des forces économiques, non sur un système d'organisation

(1) *La Vérité sur le parti démocratique.*

sociale arbitraire et préconçue. Il circonscrivit le champ offert à son activité intellectuelle, et il s'occupa désormais presque exclusivement des choses de l'art.

II

L'étude de l'économie sociale ne va pas sans l'étude de l'histoire. L'histoire, comme toutes les sciences, a une méthode qui lui est propre. Cette vérité a été formulée par M. Littré en quelques lignes qui ont la netteté et la précision d'une belle médaille de Syracuse : « Enfin la sixième science, ou l'histoire, complète les pouvoirs de l'esprit humain, en lui offrant la méthode de filiation. Là les faits dont il s'agit de trouver la loi n'appartiennent pas au champ de l'observation pure, ne sont pas accessibles à l'expérimentation, la comparaison même n'en donne pas une idée réelle ; mais ils s'engendrent les uns les autres, et c'est dans cette condition que gît et le caractère spécial qui les distingue et la méthode qui leur est propre » (1).

Cette méthode de filiation est celle que Thoré, de propos délibéré ou autrement, a suivie dans ses investigations artistiques. Elle l'a préservé des assertions hasardées auxquelles l'ont parfois entraîné les spéculations métaphysiques, en matière de philosophie générale et d'économie sociale. Grâce à elle, il a compris comment et pourquoi l'idée ou le sentiment du beau se modifie d'âge en âge, comment et pourquoi chaque époque d'art a son origine et sa justification dans celle qui l'a immédiatement précédée, et, qu'il s'occupât du présent ou du passé, il n'a jamais quitté le terrain solide de la réalité pour se lancer à la recherche de vagues abstractions.

Bien qu'il usât moins que personne des formules et généralisations esthétiques, Thoré a défini avec beaucoup de sagacité et de justesse l'objet et surtout les moyens d'expression de l'art, en particulier de la peinture. « Autre chose est la poésie, autre

(1) *Fragments de philosophie positive et de sociologie contemporaine*. 1876, p. 82.

chose la forme de la poésie, quoiqu'elles soient inséparables dans le résultat. L'art c'est la poésie exprimée. Le fond de l'art appartient presque à l'humanité, au sentiment général, et l'idée de l'artiste n'est que le reflet de l'esprit humain. Mais ce qui constitue l'artiste en tant que créateur, c'est la forme originale, personnelle dont il enveloppe une idée commune. » En peinture le moyen d'expression c'est, d'une façon générale, la lumière ou la couleur. La ligne n'a pas d'existence réelle, elle est la mesure de la couleur, sa délimitation et rien de plus. Pour rendre la forme, le contour extérieur ne suffit pas ; le dessin intérieur, le modelé, le relief n'ont pas moins d'importance. L'intelligence de la forme, exprimée seulement par le trait, exige une connaissance assez approfondie des procédés de l'art : les enfants et les paysans n'y voient rien ; or, il faut que l'art s'adresse à tous, non à quelques-uns. La couleur, ce n'est pas le rouge, le jaune, le blanc, le bleu, c'est la relation des nuances et l'élévation des tons : elle existe dans la peinture monochrome et dans la gravure. A ces éléments techniques il est indispensable d'en joindre deux autres qui sont essentiels, le sentiment dont résulte la poésie, la composition qui correspond à l'intelligence. « Les grands maîtres sont ceux qui réunissent harmonieusement ces qualités fondamentales, dont on trouve, du reste, l'union dans toutes les œuvres, à des proportions différentes. Raphaël et Poussin ne sont au sommet de l'art que parce qu'ils sont de grands poètes et de grands penseurs » (1).

Contrairement aux théoriciens de l'art pour l'art, Thoré ne croyait pas que tous sujets fussent également bons et ne valussent que par l'idéal, le sentiment et le style que chaque artiste y apporte. Il était d'avis que la peinture est non pas un but, mais un moyen, et il trouvait que « c'est une erreur absurde de penser que les hommes de poésie doivent vivre dans l'indifférence politique et religieuse. » Il ne faut pas, disait-il avec raison, que l'amour de la nature, la poésie et l'art nous isolent absolument des hommes et de la société.

L'idéal des classiques est la réalisation de la beauté physique et morale telle que

(1) *Revue indépendante*. Salon de 1842.

l'a comprise l'antiquité, celui des romantiques l'expression des sentiments chrétiens par l'interprétation de la forme spiritualisée, celui des éclectiques un mélange de l'un et de l'autre, lequel n'aboutit d'ordinaire qu'à la vulgarité et à l'insignifiance. Aucun des trois ne pouvait satisfaire Thoré : il voyait plus haut et plus loin. En politique, ennemi des castes et des privilèges, partant de l'idée que l'homme est à la fois sensation, sentiment, connaissance, et, empruntant à Pierre Leroux une autre de ses formules favorites, il affirmait que l'on doit se proposer pour idéal, « l'homme complet dans la société complète ». En art sa conception était analogue, c'est-à-dire simple, compréhensive, et en un sens indéfinie ; il considérait la poésie comme le principe et la fin de tous les arts, et pour lui la poésie c'était « la nature reflétée dans l'esprit humain ».

Avec cet instinct juste et droit qui ne l'a jamais abandonné, même dans ses plus grandes audaces, Thoré sentait qu'il vaut mieux raisonner que dogmatiser. Il ne lui était possible de mettre en évidence la vérité de ses assertions, presque toujours neuves et originales, qu'à l'aide de faits, d'exemples caractéristiques. Il était singulièrement ingénieux à découvrir ceux-ci, à les choisir, à les grouper d'une façon probante. Il a montré ainsi plus d'une fois, et en quelque sorte fait toucher du doigt, les changements qu'a subis d'époque en époque la représentation de certains sentiments humains. Dans ces cas particuliers, de même que dans les vues d'ensemble sur le développement général de l'art, c'est à la méthode de filiation qu'il avait recours. Remarquait-t-il, à propos de tableaux exposés au Salon annuel, que l'union de la mère et de l'enfant a été, du moyen âge au dix-huitième siècle, un sujet affectionné par les maîtres de toutes les écoles, il passait brièvement en revue les divers modes sous lesquels s'est manifestée esthétiquement l'idée de la famille aux principaux moments de l'art : « l'art grec n'offre nulle part la mère avec l'enfant. » Un moderne n'imaginerait jamais le *Faune à l'enfant,* une des plus belles statues de l'antiquité. « L'enfant doit être attaché à la mère comme le fruit à la branche. Un enfant dans les bras d'un homme, c'est comme un fruit ramassé par terre et recueilli dans un panier. » Dans la statuaire grecque on ne rencontre pas plus le véritable amour que la maternité. « La solidarité existe d'homme à homme, jamais d'homme à femme, pas plus que de femme à enfant. C'est le christianisme qui, le premier, a uni l'enfant à la mère ; c'est lui qui a introduit dans l'art ce sujet, retourné depuis de tant de façons, la Sainte Famille. Mais sa famille est encore fausse et incomplète : où est le père et l'époux ? La femme mystique du christianisme n'a qu'un époux mystique et invisible..... Il y a une famille plus poétique que celle du christianisme, c'est la Sainte Famille de l'humanité, égale et solidaire. »

La beauté n'est pas, en tous temps, en tous lieux, identique à elle-même. La manière dont elle est conçue varie sous l'influence des idées générales, religieuses, philosophiques ou sociales. Thoré, qui en était convaincu autant et plus que qui que ce soit, ne se contentait pas de l'affirmer. Il le démontrait, pour l'ensemble du développement artistique, par l'histoire, la série des grandes écoles, les analogies et les différences d'œuvres consacrées, d'une valeur incontestable et incontestée ; pour certains détails, par des faits scientifiques, ou confinant à la science, qui l'avaient vivement frappé, et qu'il avait étudiés avec un soin et un zèle tout particuliers. Sa connaissance approfondie des systèmes de Gall et de Lavater lui a permis, entre autres, de rectifier une notion fausse, due à Winckelmann et passée à l'état d'axiome chez la plupart des artistes. Le « grand résurrectionniste des fossiles de marbre, » le « Cuvier de l'art » a dit que le front n'est beau que s'il est court. Dans la statuaire grecque la moyenne de la hauteur de la tête au-dessus de la ligne des yeux n'est, en effet, que d'une fois et demie la longueur du nez, mais « aujourd'hui une tête bien conformée a deux fois cette longueur, c'est-à-dire que la ligne horizontale des yeux partage la tête en deux » et cela suffit pour condamner « l'imitation plastique de l'art grec ou romain. »

La phrénologie enseigne d'ailleurs le caractère des transformations de la tête humaine depuis l'antiquité hellénique. Ce qui prédomine chez les Grecs « c'est la belle architecture des sourcils et des parties inférieures du front où siègent les facultés artistes; » chez les Romains c'est la largeur des parties latérales, l'aplatissement du sommet de la tête, la proéminence de la partie supérieure du front, le développement de l'occiput et de la nuque, « épanouissements des instincts sensuels, puissance d'action, aptitude politique, mais point d'art original et point de sentiment religieux. » Le christianisme intronise une forme nouvelle, l'étroitesse des tempes, l'élévation du vertex vers le ciel, signe de religiosité qu'on rencontre dans presque toutes les œuvres du moyen âge; puis la Renaissance et la philosophie, battant en brèche le monde catholico-féodal, font naître des types différents de ceux qui étaient consacrés antérieurement. « La forme humaine s'est renouvelée avec la civilisation... L'humanité n'a pas plus consenti à s'immobiliser dans le christianisme mystique que dans le sensualisme païen... Il n'y a donc qu'une manière fructueuse d'emprunter à la tradition : c'est de voir ce que nos prédécesseurs ont fait dans le sentiment et dans la forme de leur temps, de pénétrer leurs systèmes d'interprétation, et d'interpréter soi-même à son tour, avec une inspiration vivante et complètement originale. La Renaissance du XVIe siècle a pratiqué cette méthode avec un instinct merveilleux » (1).

Quelle que soit la valeur scientifique de la phrénologie, quant à la localisation des facultés, ces observations ont un double mérite : elles sont parfaitement exactes au point de vue de l'expression, de l'évolution artistique; elles militent en faveur de cette thèse que dans l'art, comme dans les autres manifestations de l'activité humaine, tout est relatif. Thoré estimait que « la beauté est le fond même de l'art, comme la justice est le fond de la politique, comme la vérité est le fond de la philosophie. » Mais, s'il a parlé çà et là d'une beauté « éternelle, immuable, absolue, et en quelque sorte abstraite, beauté régulière et permanente qui est du domaine de la philosophie autant que du domaine de l'art, » ce n'est qu'incidemment et sans trop y insister. La beauté qui le préoccupait, celle qu'il s'est surtout efforcé de faire comprendre et admirer,

(1) *Salons de Thoré, avec une préface de W. Bürger.* Salon de 1844.

c'est la beauté accidentelle, contingente, la beauté multiple, variable, fugitive, insaisissable, éternellement renaissante, celle qu'il appelait la beauté d'effet. « Il y a de la beauté en toutes choses, sous certaines influences, comme sont les passions pour les hommes, ou comme est le temps pour les objets inanimés. Mais il n'y a pas beaucoup de gens qui sentent la beauté, bien moins encore qui sachent dire ou peindre par quoi une chose est belle. Les paysans ne comprennent rien à la nature qui les enveloppe; la plupart des hommes ne comprennent rien à l'humanité qui vit en eux et autour d'eux » (1).

La nature est l'origine de toute beauté, cependant la reproduction matériellement exacte de ce qu'elle offre à nos yeux ne constitue pas à elle seule une véritable œuvre d'art. « *Faire nature*, comme on dit, c'est une bêtise. Prenez une chambre noire ou un daguerréotype. » L'œuvre d'art n'existe réellement comme telle, diraient certains esthéticiens allemands, que lorsque s'y manifeste la personnalité humaine, non pas seulement la main, mais l'intelligence, l'ima-

(1) *Salons de Thoré*, etc. Salon de 1845.

gination, la poésie particulière que chacun porte en soi. Il y a donc deux beautés, analogues et pourtant distinctes, celle de la nature et celle de l'art.

A moins de dons naturels assez rares, on ne sent, on n'apprécie l'une ou l'autre de ces beautés que si l'on a appris à la découvrir, à la regarder, à s'en rendre compte. Thoré pensait que le principal devoir de la critique était d'éclairer à cet égard le public, qui ne se trompe souvent que faute de lumière et d'un suffisant exercice de ses facultés esthétiques. L'amour de la nature et le sentiment de la beauté étant, suivant lui, le commencement de l'art, il voulait que la critique initiât d'abord les ignorants et les indifférents aux charmes, aux splendeurs des spectacles de la nature. Comment? par des descriptions. Il n'y a guère d'autre moyen. Thoré, qui prétendait à bon droit qu'en critique elles ne signifient rien, y avait lui-même recours à l'occasion; et, quand cela lui arrivait, il y déployait parfois un talent de premier ordre, ainsi que le prouve cette description d'une matinée d'hiver dans la forêt de Fontainebleau : « Nous n'étions que deux arrivés ensemble tout exprès, par instinct, au bon moment. Le théâtre était bien choisi. L'automne, avec sa prévoyance accoutumée, avait déjà tout disposé pour les tapis et pour les couleurs variées. Les feuilles sans caractère étaient tombées en gouttes d'émail sur le sol, mêlées aux mousses et aux lichens. Les rochers avaient foncé leurs teintes sous la première humidité de l'atmosphère. Les hautes bruyères étaient brunes comme des Espagnoles, et les fougères étalaient leurs peignes à double rang, barbouillés d'ocre jaune ou de vert cuivré. Les bouleaux balançaient sur un tronc d'argent leurs feuilles rares et légères, finement glacées d'or clair. Les hêtres tournaient à l'oranger. Les chênes avaient secoué les feuilles superflues et s'étaient bronzés d'un ton ferrugineux. Les broussailles étaient roussies. Les rosiers sauvages s'étaient décorés de leurs graines rouges en quenouilles. Les genévriers avaient pâli et s'étaient affaissés comme des Madeleines éplorées. Le houx seul demeurait vert, ferme et luisant. — Alors une puissance mystérieuse commanda aux brouillards suspendus en l'air de se congeler en perlettes imperceptibles et de tomber en rosée sur ce jardin aux mille couleurs, afin d'enchâsser toutes les tiges, toutes les feuilles, toutes les herbes, toutes les pousses microscopiques, dans l'argent, le diamant et les pierres fines. Le givre obéit, et en un quart d'heure les roches furent de cristal et la forêt comme un écrin de la Renaissance ; les feuilles devinrent des topazes, des rubis, des émeraudes, montés en perles et en métal richement ciselé. Dans ce semis merveilleux et subit, les brins d'herbe ne furent pas plus oubliés que les grands chênes, et tout le peuple des bois participa à cette floraison de l'hiver. — Vers midi, le soleil vint regarder la fête, et fit passer chaque nuance locale par la gamme infinie de la couleur. Mais la décoration tomba bientôt sous la lumière, et nous pûmes emporter cependant un bouquet d'herbes qui conserva tout le jour ses colliers de perles et ses aigrettes en diamant » (1).

Par la fermeté et la coloration du style, par la justesse, la propriété et le pittoresque des images, cette description est égale,

(1) *Salons de Thoré*, etc. Lettre à Firmin Barrion, servant de préface au Salon de 1847.

sinon supérieure, aux meilleurs morceaux des virtuoses du genre ; mais si, au lieu d'un phénomène naturel, il s'était agi d'une œuvre d'art, Thoré eût procédé autrement. Il posait en principe que, si l'art crée, la critique explique, et que celle-ci, lorsqu'elle a contribué de son mieux à l'initiation du public aux beautés de la nature, n'a encore accompli qu'une partie de sa tâche. Il lui reste à montrer, à définir le caractère, les conditions de la beauté dans un art spécial, « car il est possible d'être très artiste de sentiment sans pénétrer la peinture, témoin plusieurs grands poètes contemporains qui s'égarent complètement dans leurs admirations. » Presque toujours, celui qui décrit un tableau énonce uniquement les idées plus ou moins poétiques ou pittoresques que lui suggère le sujet. Que le tableau soit bon ou mauvais, le résultat est le même. La composition, la manière dont elle est interprétée, les qualités de l'exécution qui ont tant d'importance en peinture, sont passées sous silence et impitoyablement sacrifiées à l'agrément ou au pathétique de la phrase. Le lecteur pourra être charmé ; il ne sera pas plus éclairé qu'avant sur la valeur des œuvres en question; et, s'il est peu familier avec les choses de l'art, il n'apprendra jamais ainsi à les apprécier, à les juger sainement. Dans l'examen des œuvres d'art, l'analyse et la discussion sont indispensables; elles doivent y jouer le premier rôle; la description si complaisamment employée d'ordinaire par les poètes ou stylistes adonnés à la critique, y est un accessoire fort secondaire, pour ne pas dire inutile ou même nuisible.

Suit-il de là que la poésie et la critique sont incompatibles? Thoré était loin de le penser. Il n'y a pas de critique éminente sans un véritable sentiment poétique. Seulement celui-ci n'est pas identique au sentiment poétique qu'exige l'invention. Ils sont différents quoique analogues. L'un est passionné, exclusif; l'autre doit être compréhensif. « L'art est trop individuel, trop indépendant, trop original, trop entraînant pour laisser à l'esprit la placidité, l'équité distributive, la tolérance, nécessaires à une logique impartiale. Les grands peintres ne se connaissent guère en peinture; les critiques intelligents n'ont jamais été peintres, témoins Diderot et Lessing. Comment un artiste original, c'est-à-dire distinct des autres artistes, apprécierait-il justement des qualités originales opposées à son propre génie? » (1).

Dans la critique comme dans l'art, ce n'est pas assez d'avoir le sentiment de la poésie, il faut en outre une « passion profonde » et une « conviction sociale ». Thoré possédait l'une et l'autre. A la fin du règne de Louis-Philippe, constatant qu'artistes et critiques en étaient à peu près complètement dépourvus, rappelant le temps, voisin de 1830, où une école mi-philosophique, mi-poétique, à laquelle il était fier d'avoir appartenu, essayait de découvrir « la signification des images sous les magnificences de la tournure et du style », il se demandait si la révolution artiste était finie, si nous étions « à une de ces époques d'aveuglement et de faiblesse où la poésie a perdu ses inquiétudes, l'esprit sa virilité, le journalisme son initiative. » Cependant, il ne désespérait pas. Si, en fait d'amélioration et de progrès, il n'attendait rien du régime parlementaire institué par la quasi-légiti-

(1) *Salons de Thoré,* etc. Salon de 1847.

mité, il savait que la révolution artiste pouvait se remettre en marche à la suite d'une révolution politique, et il avait un vague pressentiment que celle-ci était proche. Les événements ne tardèrent pas à lui donner raison.

Des idées artistiques nouvelles se produisirent en effet après la révolution de février, ou plutôt un principe d'art, qui avait été appliqué jusqu'alors d'une façon timide et incomplète, fut affirmé franchement et nettement ; la querelle des Anciens et des Modernes, ou, si l'on veut, celle de l'idéal et du réel, se réveilla, et, en dépit des réactions de toute espèce, tourna à l'avantage de ce dernier. Un certain temps s'écoula, toutefois, avant que cette théorie révolutionnaire fut pleinement mise en pratique, et la discussion dont elle fut le sujet ne s'engagea pas tellement vite que Thoré pût y prendre part. Au mois de mars 1848, dans un article sur le Salon récemment ouvert, il avait déclaré qu'il était inutile de parler d'œuvres conçues « sous un régime consacré à la glorification des intérêts matériels et des passions mauvaises », qu'on était en droit de supposer que le Salon prochain montrerait déjà au public des productions d'un art régénéré, qu'en attendant il valait mieux s'occuper « de l'histoire vivante » que de l'art et de la poésie ; et le jour même il avait fait paraître le premier numéro de la *Vraie République*. Ce journal se plaça tout d'abord à l'avant-garde des feuilles socialistes ; il inscrivit dans son programme ces lignes explicites : « Sans la réforme sociale, il n'y a pas de vraie république. Si l'Assemblée nationale n'abolissait pas bravement le prolétariat, il faudrait continuer, au nom de l'égalité, la révolution engagée au nom de la liberté. »

Ainsi que la plupart des démocrates sincères de cette époque, Thoré croyait que le moment était arrivé de passer de l'exposition doctrinale à l'action. Plein, comme toujours, de désintéressement et d'ardeur, de dévouement et d'enthousiasme, partisan des solutions les plus radicales, il fit une guerre incessante à ceux qui réduisaient la révolution à de simples changements de titres et à des substitutions de personnes. L'état de siège seul y mit un terme, en supprimant la *Vraie République* après les journées de juin 1848. Thoré recommença la lutte au mois de mars de l'année suivante; mais, le 13 juin, son journal subit le même sort que le *Peuple* de Proud'hon, avec lequel il était d'accord sur tant de points, et lui-même fut obligé de s'expatrier. En exil, il continua à combattre, dans la presse parisienne et dans la presse étrangère, les idées rétrogrades qui triomphaient à l'Assemblée législative et ailleurs, publia une série de lettres sur la revision de la Constitution de 1848, protesta énergiquement contre le crime de décembre, écrivit plusieurs articles sur la guerre engagée en 1854; puis il renonça, ou peu s'en faut, à la politique proprement dite et revint à l'art. L'ombre des Bonaparte semblait s'être définitivement étendue sur la France.

III

Quiconque étudie un peu sérieusement l'art et ses productions est forcément amené à rechercher ce qu'est la beauté. Thoré regardait plus que jamais la beauté, la vérité, la bonté, pures, immaculées, parfaites, absolues, « comme des chimères qui s'envolent à perte de vue quand on croit les avoir saisies et fixées à une certaine hauteur. » Pas plus qu'auparavant, il ne niait que la beauté existât dans la nature ; mais il observait que, si l'on prend un être à part, il s'établit, dans l'esprit une comparaison entre cet être spécial et tous les êtres de la même espèce, que tout objet soulève dans la pensée une série de rapports, et il n'admettait pas que la beauté fût permanente,

« car la beauté c'est la vie dont la condition est un changement continuel ». Les idées, générales ou particulières, se modifient avec les siècles, l'art, qui s'en inspire, se transforme à leur exemple, les sujets qu'il traite varient, la manière de les interpréter n'est donc pas et ne doit pas être partout et toujours la même. « Il y aurait à faire une histoire de la beauté qui serait peut-être pour les artistes le livre le plus instructif et le plus fécondant, pour tout le monde un des plus curieux livres qui existent, car ce serait le compte rendu de l'imagination humaine depuis son origine sauvage et mystique jusqu'à son épanouissement plus rationnel et plus universellement compréhensible. Ce serait à la fois l'histoire même de l'art et l'histoire des religions et des sociétés, dont l'art fut toujours le traducteur ésotérique dans les anciens temps, et ensuite le traducteur libre et populaire. L'histoire étudiée de haut, dans les arts comme dans toutes les manifestations de l'activité humaine, n'est qu'une sorte de raisonnement logique qui procède du connu à l'inconnu, conquérant d'abord une prémisse, puis sa compagne, enfin une argumentation qui en est la conséquence. Cette vérité acceptée sert de base à une nouvelle argumentation. L'esthétique considérée ainsi naïvement est la plus simple du monde et intelligible à tous les esprits. Il dépendrait des philosophes de rendre également compréhensible la méthaphysique générale » (1). Métaphysique générale est pris ici dans le sens où on l'entendait souvent au dix-huitième siècle et signifie proprement philosophie.

Ce mode d'investigation est le seul efficace, le seul par lequel on peut acquérir une notion juste et positive de l'art et de son développement. Il n'est guère apprécié des professeurs d'esthétique et des théoriciens du beau, qui, presque toujours partant d'un *à priori*, dédaignent l'expérience et négligent les faits : aussi n'avons-nous aucune histoire générale de l'art. Thoré croyait qu'une histoire de ce genre était dans les tendances et les nécessités de

(1) *Revue universelle des Arts*. 1856. — C'est dans ce recueil, fondé en 1855 par M. Paul Lacroix, que Thoré a signé pour la première fois W. Bürger, nom sous lequel ont été publiés depuis tous ses écrits et qui lui est donné d'ordinaire par ceux qui l'ont connu, surtout à dater de cette époque.

notre temps. Il ne voyait qu'un moyen, sinon de la faire, au moins de la préparer, c'était de recueillir « des faits, des dates, des particularités de toute sorte, qui aident à comprendre les différentes époques, les différents pays, les génies différents, et surtout à saisir les analogies et les harmonies qui les relient dans une grande unité. »

Les monographies nationales ne sont pas seulement insuffisantes pour satisfaire la curiosité de ceux qui désirent connaître l'art considéré dans son ensemble; elles sont parfois fautives sur des questions importantes, nouvellement élucidées. Elles manquent d'ailleurs à peu près complètement pour certains pays. On avait songé, il y a déjà vingt ou trente ans, à rectifier ces erreurs, à combler ces lacunes. Des recherches avaient été entreprises en Allemagne, en Angleterre, en Hollande, en Belgique, en France, dans les archives nationales et municipales, dans les registres des associations d'artistes, des académies et des musées. Elles se poursuivaient sans but bien déterminé, si ce n'est d'éclaircir quelques points restés obscurs de la vie d'artistes plus ou moins célèbres des diverses écoles, principalement de celles du Nord. Thoré s'y associa avec son entrain habituel; mais il les comprit d'une manière plus large, plus réellement utile qu'on ne l'avait fait jusqu'alors. Elle devaient servir à dresser enfin un inventaire exact, complet, méthodique, des richesses artistiques de l'Europe, et cet inventaire était à ses yeux le fondement nécessaire de toute histoire générale de l'art et même de toute véritable esthétique.

Les fureteurs de documents artistiques inédits n'ont guère souci que de leurs trouvailles, et ils passent volontiers sous silence ce qui ne se rattache pas directement à celles-ci. Les auteurs de biographies racontent la vie de tel ou tel artiste, décrivent et analysent ses meilleurs ouvrages, tâchent de définir son talent, nomment son maître et quelques-uns de ses élèves, s'il en a eu; mais, s'ils s'écartent un instant de l'objet spécial qu'ils se sont proposés de traiter, c'est uniquement en vue d'exposer des théories personnelles plus ou moins arbitraires. Les uns et les autres isolent en quelques sorte à plaisir les faits et les individualités; ils semblent tenir peu de compte de ce qui a précédé et suivi les premiers, du milieu intellectuel, moral, social, dans lequel ont vécu les secondes, et n'en parlent, quand ils en parlent, que par hasard. C'est au contraire évidemment cela qui préoccupait Thoré. Ses études sur quelques musées et quelques collections particulières de la Hollande, de la Belgique, de l'Angleterre et de l'Allemagne ne sont, à bien prendre, que des notes, — écrites, il est vrai, par un homme singulièrement compétent et sagace — et cependant on y sent en bien des endroits le souffle vivifiant de l'histoire.

Autant, peut-être plus qu'aucun autre critique de notre temps, Thoré était capable de tracer les principaux linéaments d'une histoire de l'art ; mais il ne concevait cette histoire qu'appuyée sur des faits d'une rigoureuse certitude. Or, à cet égard, les informations lui paraissaient laisser beaucoup à désirer, en particulier pour les écoles qui l'attiraient et l'intéressaient le plus. Il fallait avant tout les contrôler soigneusement, et dans ce but, nul détail ne devait être négligé. C'est ainsi que Thoré a restitué l'orthographe des noms des artistes hollandais, écrivant Cuijp au lieu de Cuyp, Dov au lieu de Dow, Metsu au lieu de Metzu, etc. Il en usa de même relativement aux prénoms. Blâmé en France, où l'on ne renonce pas facilement aux routines, petites ou grandes, approuvé à l'étranger où l'on goûtait fort le caractère cosmopolite de ses appréciations, il persista. Il pensait que cette « correction onomatographique » contribuerait à empêcher des confusions, des erreurs fâcheuses, et il citait à ce propos l'exemple de Stoop, habile peintre et graveur, originaire de Dordrecht. Cet artiste a travaillé en Angleterre et en Portugal; son prénom Dirk, dont Théodore est l'équivalent en français, a été traduit ici Roderigo, là Thierry ou Théodore ; il a lui-même signé en Hollande, D. Stoop, en Portugal, R. Stoop, peut-être même parfois T. Stoop, si bien que quelques biographes ont cru à l'existence de trois peintres, tandis qu'il n'y en a qu'un, Dirk Stoop « moins connu qu'il ne mériterait de l'être, car ses eaux-fortes sont excellentes, et plusieurs de ses tableaux, à une certaine période de sa vie, sont comparables aux meilleures productions de l'école hollandaise. »

Une pareille rectification, d'autres analogues, facilitées par la restitution orthographique des noms et prénoms des artistes hollandais, montrent que celle-ci n'était pas aussi inutile, aussi insignifiante qu'on a pu le supposer. Il n'est pas indifférent en effet de savoir au juste combien il y a eu de véritables artistes à une époque donnée. Si un homme de génie suffit à caractériser une école, une nombreuse réunion de talents remarquables indique des conditions extérieures, intellectuelles, morales et sociales, particulièrement favorables au développement ou au progrès de l'art. Thoré avait pour Rembrandt une admiration sans borne. Il admirait non moins l'extrême fécondité de l'école hollandaise, il l'attribuait en partie aux circonstances au milieu desquelles cette école est née et s'est formée, et c'est peut-être à cause de cela qu'il jugeait superflu de surfaire cette qualité. Mais il entendait rendre à chacun ce qui lui appartient. Ce n'est pas toujours facile.

Après avoir consulté les documents écrits, notices biographiques et monographies artistiques, catalogues de musées et de ventes, il faut voir soi-même les œuvres, les étudier minutieusement, déchiffrer des signatures presque effacées, vérifier des monogrammes, comparer des dates, et malgré tout on ne parvient qu'à grand'peine à éviter les erreurs, à concilier les contradictions. Thoré l'a éprouvé plus d'une fois, entre autres pour Fabritius, duquel un portrait d'homme a été considéré durant des années comme un des Rembrandt les plus beaux et les plus singuliers qui existassent, et pour Van der Meer de Delft, un peintre de haute valeur, dont plusieurs tableaux ont été baptisés, tantôt du nom de Metsu ou de Pieter de Hooch, tantôt de celui d'Hobbema ou de Ruijsdaël. Il finit cependant par mettre en lumière ces talents éminents, et il se félicita justement d'avoir aidé à « authentiquer » quelques-unes de leurs œuvres. Celles-ci étaient de nouvelles preuves que l'école hollandaise est toujours restée fidèle à des sujets d'un certain ordre, qu'elle a su en varier l'interprétation à l'infini, et que, par cela même, elle joue un rôle des plus considérables dans l'histoire de l'art.

L'école hollandaise se distingue effectivement d'une manière très nette des autres écoles, même de l'école flamande avec laquelle on la confond volontiers. Remarquant que la plupart des critiques français sont portés à méconnaître cette vérité, Thoré a voulu montrer par quoi les deux écoles, la flamande et la hollandaise, se différencient; il a tâché d'exposer les concordances et discordances des principes qui les ont guidées, d'en déterminer les origines ou les causes; et il y a, semble-t-il, pleinement réussi.

En Flandre et en Hollande, disait-il, les artistes, jusqu'au XVIe siècle, se sont inspirés des mêmes données, celles de la religion. D'abord, obéissant aux instincts de leur race, ils ont exprimé le côté humain et naturel de l'art catholique, tandis que les artistes du Midi en rendaient le côté surnaturel et mystique, puis ils se sont annihilés à peu près complètement dans un pastiche banal de la peinture italienne. Mais, vers la fin du XVIe siècle, la séparation se fit; il se creusa un abîme entre les deux écoles. « Les Provinces-Unies, après s'être détachées des Pays-Bas espagnols, constituent, géographiquement et socialement, une nation à part qui a pour principe la liberté religieuse et politique, le protestantisme et la république. C'est sous cette influence caractéristique que se produit, presque tout de suite, dès le commencement du XVIIe siècle, une école autochtone qui n'a plus aucune adhérence avec les anciens Pays-Bas, toujours courbés sous le despotisme de l'Espagne catholique. Rubens était chez des vaincus et des esclaves; Rembrandt chez des vainqueurs et des hommes libres. Là est surtout la différence de leurs génies. Rubens est toujours à la suite de l'art italien, comme sujets, comme inspiration et composition, et il ne s'en distingue que par un style de dessin analogue aux types de son pays. Rembrandt, au contraire, comme sujets et comme interprétation, est absolument neuf. Il ne s'inspire plus des morts, mais des vivants. » La peinture hollandaise, dans son ensemble, représente l'histoire d'un peuple et d'un pays, les faits et gestes de toute une nation; « ce n'est plus l'art mystique enveloppant de vieilles superstitions, l'art mythologique, ressuscitant de vieux symboles, l'art princier, aristocratique, exceptionnel par conséquent et consacré uniquement à la glorification des dominateurs de l'espèce humaine. Ce n'est plus l'art des papes et des rois, des dieux et des héros. Raphaël avait travaillé pour Jules II et Léon X; Tiziano pour Charles-Quint et François Ier; Rubens travaillait pour l'archiduc Albert et les rois d'Espagne, pour les Médicis de France et Charles Ier d'Angleterre. Mais Rembrandt et les Hollandais n'ont travaillé que pour la Hollande et l'Humanité » (1).

Quelle que fût son admiration pour un artiste, Thoré ne se laissait point aveugler par elle. Malgré son enthousiasme, il jugeait Rubens sainement, presque sévèrement. C'était, suivant lui, un des puissants génies de la peinture; mais un maître de décadence. « Ce n'est pas faute de savoir dessiner, ainsi que le lui reprochent les mauvais peintres. Rubens connaît la construction d'une figure aussi bien que Raphaël, aussi bien peut-être que Michel-Ange. » S'il est un peu désossé, cela tient moins à son dessin qu'à sa couleur, où la prodigalité de la lumière n'est pas assez tempérée par des

(1) *Musées de la Hollande, Etudes sur l'Ecole hollandaise,* par W. Bürger. 2 vol. in-18, 1858-1860.

dégradations, par des parties d'ombre qui permettraient de serrer la forme dans ses strictes limites. Ce qui en fait un maître dangereux pour la foule des peintres, c'est qu'en l'étudiant on prend, non ses qualités, qui sont « incommunicables, l'abondance de l'invention et la splendeur du coloris », mais son défaut qui est le style. Thoré entendait par style « la forme individuelle et caractéristique dans laquelle se moule une pensée. » Analysant « naïvement le phénomène mystérieux de la génération » d'une œuvre d'art, il lui semblait découvrir et constater ces trois *temps* successifs : la pensée naît dans l'esprit; elle prend une forme visible pour celui qui l'a conçue, invisible pour tout autre; elle se réalise d'une façon plastique et devient effectivement œuvre d'art. Le style, ce n'est donc ni la pensée, ni la manière de la rendre, c'est l'intermédiaire entre les deux extrêmes, entre l'origine et la fin. « Eh bien ! ajoutait Thoré, le style, cette qualité supérieure chez une demi-douzaine d'artistes privilégiés, est généralement commun, malgré sa force et son éclat, chez Rubens. Sa manière de voir les choses n'est point inspirée par ce sentiment exalté qu'on a appelé divin et qui est la poésie même chez quelques maîtres italiens, ni par ce sentiment imprévu et tout neuf, et foncièrement *humain* qui anime Rembrandt » (1).

Des esprits éclairés, mais prévenus, ou rebelles à certaines notions, considèrent le mot progrès comme un mot vide de sens dès qu'il s'agit de l'art. M. Littré a touché incidemment à cette question ; il l'a résolue avec l'autorité qui lui appartient : « Ce qui rend difficiles les discussions historiques sur l'art, c'est qu'on n'y remarque pas les phases ascensionnelles, si visibles dans le développement de la science. Aussi faut-il donner, pour le progrès dans l'art, une définition différente de celle qu'on donne pour la science, et dire qu'il se développe quand d'âge en âge il devient autre, en restant conforme à la beauté » (2). Cette définition si juste, si compréhensive, est, ce semble, de nature à détruire une erreur encore trop répandue. L'instinct révolutionnaire, des facultés esthétiques très fines et très

(1) *Trésors d'art exposés à Manchester, en* 1857, par W. Bürger. 1 vol. in-18.

(2) *Etudes sur les Barbares et le moyen âge,* p. 429.

exercées, l'habitude de chercher les rapports existant entre les principales modifications de l'art et les grandes transformations de la philosophie et de la politique en ont toujours préservé Thoré. Il croyait fermement au progrès dans l'ordre intellectuel et dans l'ordre social, sinon en un seul et même pays, au moins tour à tour chez l'une des nations de l'Europe, et il ne supposait pas que l'art, soumis en tout temps et en tous lieux à l'influence des idées et des mœurs, pût demeurer stationnaire ou rétrograder alors que tout change et progresse autour de lui.

La séparation des Pays-Bas en deux parties distinctes, l'indépendance des Provinces-Unies, l'amoindrissement de l'autorité religieuse et politique, les activités de tout genre qui en ont résulté, indiquent évidemment un pas en avant vers un meilleur équilibre des choses, vers l'affranchissement définitif de l'esprit et la réalisation de la justice. L'abandon à peu près complet des sujets religieux, héroïques ou princiers par les artistes hollandais, la préférence accordée par eux aux scènes de la vie ordinaire, aux sujets purement humains, paraissaient à Thoré marquer dans l'art un progrès non moins notable. Envisagé sous cet aspect, l'art hollandais, qui n'a brillé que durant le dix-septième siècle, est peut-être « un commencement au lieu d'être une fin. Peut-être approchons-nous d'un temps où, comme jadis après le grand art de l'Antiquité, on devra tirer une barre après le grand art de la Renaissance italienne qui est complet et qui est mort par conséquent : c'est la destinée de toute existence lorsqu'elle a atteint son but » (1).

Le principe nouveau, représenter ce qui est, ce que l'on voit, ce que l'on sent, ce qu'inspirent l'observation et l'expérience, est-il la négation de tout idéal? En aucune façon. L'idéal, c'est simplement une affaire de génie. Comparant Rembrandt avec Van der Helst, l'auteur du *Banquet des Arquebusiers* du Musée d'Amsterdam, Thoré déclarait que le premier est le plus original des peintres, et le second le plus fort peut-être des peintres vulgaires, mais peut-être aussi le plus vulgaire : à l'exemple de Léonard, de Corrège, de Dürer et de quelques autres,

(1) *Trésors d'art exposés à Manchester en* 1857.

Rembrandt a montré que tous les cailloux contiennent de l'or, tandis que Van der Helst a pris le caillou et l'a rendu caillou « sans aucune métamorphose ». Il mettait la *Ronde de Nuit* fort au-dessus de la *Leçon d'anatomie*, cependant il trouvait dans celle-ci quelque chose de très original et de très neuf, l'idée même de la composition, qui, à en juger par le caractère des attitudes et des physionomies, est « la représentation de la science et non pas seulement un épisode d'amphithéâtre. » A ce point de vue, la *Leçon d'anatomie* est une œuvre essentiellement moderne. Exprimer la vie physique, intellectuelle, morale, en l'incarnant « dans une forme palpitante, » n'est-ce pas le but que poursuivent les vrais artistes de notre temps? Quel dieu pourrait aujourd'hui rivaliser d'intérêt et de poésie avec la science et prévaloir contre elle?

IV

Quand il put rentrer en France, Thoré hésita quelque temps. Voir de près les turpitudes et platitudes de l'Empire lui répugnait profondément. Il était d'avis qu'il y a plus d'affinité entre gens de nationalités différentes « ayant les mêmes tendances vers la liberté, la justice et la vérité, qu'entre deux hommes d'une même nation, s'ils divergent par leurs aspirations et leurs idées. La patrie, c'est l'idée. *Ubi veritas, ibi patria.* » Pourtant, il se décida enfin à revenir. Il reprit presque aussitôt la plume du critique militant.

Il y a des époques climatériques dans la vie de l'art comme dans celle des sociétés et des individus. L'Exposition universelle de 1855 en marque une de cette espèce. Thoré en avait été tout d'abord convaincu, et il avait établi au vrai la situation, telle qu'elle était alors, telle qu'elle est encore aujourd'hui. Le romantisme a accompli sa mission. Il a émancipé la forme. Reste le fond dont il a eu peu de souci, puisqu'il a été tour à tour « catholique, protestant, philosophe, absolutiste, libéral, républicain. » Le fond, c'est-à-dire la pensée, est ce qui caractérise un art et lui assigne une place distincte dans l'histoire. « Seule la pensée fait les véritables révolutions. Changer la forme, c'est pure fantaisie, et chacun y peut contribuer du bout de sa plume ou du bout de son pinceau. Mais changer le fond, cela ne se fait pas à plaisir. »

La Renaissance a substitué des types individuels aux types orthodoxes et invariables, et le romantisme a suivi de point en point son exemple, si ce n'est qu'au lieu de ressusciter comme elle « les vieux dieux de l'Olympe, » il a restauré « le vieux style du moyen âge ». Mais, si les écoles qui se sont succédé en Europe, de la Renaissance au romantisme inclusivement, ont enlevé à l'allégorie religieuse sa forme immobile, elles en ont conservé le fond. « L'art chrétien avait été et il a continué d'être une mythologie aussi bien que l'art païen : un véritable hiéroglyphe, enveloppant la pensée dans une forme symbolique. » Après les dieux, qui représentent les idées, viennent les héros qui représentent les qualités, les facultés humaines, les princes qui représentent les faits ou l'histoire. L'homme, en tant que homme, est mis à l'écart. Il n'existe pas encore. Il est temps de l'inventer : c'est lui qui représente « la société — sociale — scientifique et industrielle, intelligente et laborieuse. » Thoré ne connaissait rien de plus noble, de plus élevé que la science et le travail; il y voyait une source inépuisable d'inspiration. Il croyait donc qu'il importait de renoncer à tout symbole et de créer « par la vertu de la pensée commune, une langue commune aussi, une forme lumineuse, » dégagée des obscurités résultant des systèmes absolus, des préventions locales, et il pensait que « l'alphabet de cette typographie vraiment universelle » ne pouvait avoir qu'un caractère — l'homme. « Alors les beaux-arts et les belles lettres, au lieu de n'être qu'une distraction de raffinés et d'érudits, une sorte de curiosité aristocratique, comme ils l'ont toujours été depuis la Renaissance, comme ils le sont encore, deviendraient une monnaie courante pour la transmission et l'échange des sentiments, une langue usuelle à la portée de tous » (1).

L'opinion que le sujet n'a pas d'importance dans les arts plastiques, peinture et sculpture, a été fort répandue parmi les artistes et les critiques, elle l'est encore. Thoré l'avait combattue au temps du romantisme, quand on avait « la noble passion des lettres et des arts, » il la combattit à plus forte raison, alors qu'on songeait surtout à gagner la faveur d'un certain monde, soit en flattant des goûts qui n'avaient rien d'élevé, soit en cédant à des fantaisies que n'excusaient ni l'à-propos, ni la nouveauté. Il attribuait en partie l'espèce de décadence où est tombée l'école française au choix trop fréquent de sujets « qui n'exigent pas, ou même ne permettent pas une étude sincère et patiente de la nature. » Des idées fausses ou surannées, des sentiments factices, des impressions inéprouvées lui sem-

(1) *Revue universelle des Arts*. 1859.

blaient, non sans motif, ne pouvoir être le point de départ d'œuvres saines et fortes. Il demandait où l'on irait chercher des modèles pour peindre des dieux, des faunes, des courtisanes grecques, des augures romains; et il trouvait insensé que pour cela on s'astreignit « à deviner, rêvasser, s'abstraire de ce qui est, poursuivre dans le vague ce qui n'est plus ou même ce qui ne saurait être. » Aussi, conseillait-il d'éviter avec soin les sujets archéologiques, mythologiques ou homériques, et de s'inspirer uniquement de scènes très simples et dont on peut *de visu* dégager la poésie. Assimilant l'art aux autres manifestations de l'esprit, Thoré voulait qu'il procédât de la même façon qu'elles. « Comment s'étonner du naturalisme dans l'art, puisqu'il est précisément l'analogue du procédé nouveau suivi dans toutes les directions de l'esprit humain, dans la philosophie, dans la politique, dans la science, dans l'économie sociale? Est-ce que les sciences ne s'attachent pas primitivement à l'étude des faits, pour arriver à la connaissance des lois, à des généralisations théoriques, mais positives. Eh bien, les naturalistes dans l'art ne font pas autre chose :

ils observent la nature, vont du particulier au général, et, quand ils ont du talent ou du génie — ils agrandissent la spécialité d'un aspect par les caractères de l'ensemble » (1).

L'amour exclusif de la nature ou de la réalité — c'est ici même chose — aboutit nécessairement au réalisme. Celui-ci n'est, en définitive, que l'application du principe qui a servi de guide à l'art hollandais. Il est le successeur légitime du romantisme, bien qu'il en diffère notablement. On ne conçoit guère en effet comment il eût pu venir immédiatement après le classicisme orthodoxe. L'exécution, dans l'école de Jacques-Louis David, était soumise à des règles aussi strictes, aussi austères que celles qui étaient prescrites et imposées à l'invention. Il avait fallu affranchir l'une et l'autre. La première assouplie, enrichie à miracle, était devenue apte à rendre des idées et des sentiments de toute sorte, la seconde avait sauté brusquement de l'antique au gothique. On avait, instinctivement

(1) *Salons de W. Bürger*, 1861 *à* 1868, *avec une préface par T. Thoré*. 2 vol. in-18.

et d'enthousiasme, pris le contre-pied de ce que les générations précédentes avaient aimé d'un amour trop exclusif, et, dans la violence du mouvement, on était allé au delà du but. On avait passé d'une fiction à une autre fiction; on avait négligé de regarder autour de soi. Mais on l'avait fait sans esprit de système, et l'on devait tôt ou tard être ramené à la réalité des hommes et des choses. Thoré, qui attendait impatiemment ce moment, reprochait avec une sévérité peut-être excessive aux artistes de la période romantique l'uniformité de leurs imaginations et l'emploi habituel « de la double langue hiéroglyphique » en usage parmi les anciens maîtres depuis la Renaissance. C'est à peine s'il pardonnait à un peintre de génie et à un autre d'un très grand talent d'avoir encore et de montrer plus d'adhérences à « l'art pour l'art » qu'à « l'art pour l'homme ». Pourtant, toujours séduit par la spontanéité, le sentiment et le caractère qui distinguent la plupart de leurs œuvres, il avait écrit, à propos de l'Exposition universelle de 1855 : « Mettons qu'Eugène Delacroix et Decamps appartiennent, jusqu'à un certain point et par certaines tendances irrésistibles, à cet art nouveau dont le romantisme fut le précurseur, et que Courbet, presque seul encore, exprime tant qu'il peut » (1

Le réalisme moderne ne consiste pas uniquement à reproduire les formes, à représenter les spectacles que nous offre la nature, ainsi que beaucoup le supposent même parmi les esprits cultivés. Cette traduction exacte et *formelle*, malgré son importance, n'en est que le côté extérieur et en quelque sorte technique. Mais ce qui le caractérise essentiellement, ce qui lui donne sa véritable valeur, et lui assure une place considérable dans l'histoire de l'art, c'est qu'il repousse d'une manière absolue, irrévocable, toute suggestion théologique ou métaphysique. Les causes d'erreurs ou de troubles intellectuels écartées, restent le monde et l'humanité, source de poésie autant que de vérité. Les adversaires du réalisme ne sont donc pas fondés à affirmer que ses œuvres sont forcément banales, vulgaires, brutales, grossières ou laides; ceux de ses défenseurs qui passent condamnation à cet égard se trompent également

(1) *Revue universelle des Arts*. 1856.

Thoré, lui, ne s'y est jamais mépris. Que la peinture fût réaliste ou ne le fût pas, il s'est toujours gardé d'oublier que l'artiste doit avoir « en vue » la beauté et tâcher de la « faire voir » aux autres. Il considérait les principaux réalistes comme des interprètes très sincères et très clairvoyants de la nature, comme des praticiens d'une singulière habileté; mais il les trouvait dépourvus de « cette indéfinissable qualité qu'on appelle goût et qui tient à un certain bonheur d'arrangement, compatible d'ailleurs avec la plus franche originalité. » Il était d'avis que « si nous avons un art pitoyable » c'est que nous avons étouffé en nous, avec les sentiments de vérité et de justice, le sentiment de la beauté. « Les peintres naturalistes, disait-il, ne sont encore impuissants et même souvent ridicules que parce qu'ils n'ont pas l'instinct du choix, de la distinction dans les qualités et les formes que la nature offre indéfiniment. Le jour où quelque réaliste, s'inspirant de la vie présente, y joindra le fanatisme de la beauté, la révolution sera faite en peinture » (1).

(1) *Salons de W. Bürger,* etc. Salon de 1866.

Les idées et les mœurs d'une nation, c'est-à-dire ses opinions philosophiques ou religieuses, son mode d'organisation, sa manière de vivre, ses usages, ses coutumes, ses préjugés influent évidemment sur sa conception de l'art et sur l'art lui-même. Tantôt le gouvernement en est en quelque sorte l'émanation et se laisse plus ou moins docilement guider par elles ; tantôt il s'impose, réagit contre elles et s'efforce de les modifier à son image. En ce cas il exerce sur l'art une action qui, pour être indirecte, n'en est pas moins funeste. C'est ce qui est arrivé sous le second Empire. Le gouvernement, hostile aux forces vives de l'intelligence et comprenant que celles-ci lui étaient hostiles, les a, par tous les moyens, empêché de se manifester. Il a poussé au développement du luxe extérieur, il a préconisé la satisfaction des appétits matériels, les plaisirs faciles, les élégances de la vie mondaine, les spectacles agréables qui ne surexcitent ni la sensibilité ni l'imagination ; mais il n'a jamais manqué de réprouver, d'une façon ou d'une autre, tout ce qui avait quelque originalité, tout ce qui sortait de l'ornière des banalités officielles, et il a toujours tenu la beauté en suspicion, principalement la beauté morale. Le réalisme, par cela même qu'il prétend traiter des sujets simples, vrais, ayant une signification franche et claire, lui était particulièrement antipathique. Il avait seul la parole, ou peu s'en faut, et le public, cédant à l'impulsion qui lui était donnée, finit par s'arrêter presque uniquement devant les œuvres que recommandaient la faveur des classes prépondérantes. Thackeray, le romancier anglais, a défini le *snob*, un être qui admire platement des choses plates et niaises. Le second Empire a été le règne du snobbisme.

La critique, malgré qu'elle en eût, avait en majorité suivi le courant. Elle n'avait plus guère de parti pris sur quoi que ce fût. Elle semblait craindre de nuire aux artistes en vogue et de contredire par des observations chagrines et malséantes les préférences artistiques d'un certain monde. Elle usait de la seule liberté qui subsistât, la liberté d'indifférence, elle s'en accommodait sans se plaindre et même avec une apparente satisfaction. Désireuse de ne pas se compromettre en heurtant les préjugés ou blâmant le faux goût qui dominait à la cour et à la

ville, elle consentait volontiers à distribu
indistinctement des éloges aux uns et a
autres et n'était pas fâchée de n'encourag
ni ne décourager personne. Elle ne faisa
d'exception que pour les artistes violant o
vertement ou systématiquement les conve
tions reçues, et n'y était le plus souvent d
terminée que par des motifs n'ayant aucu
rapport avec la technique proprement dit

Quoiqu'il ne se fît pas d'illusions sur
régime impérial et ses suites fatales, Thor
à son retour d'exil, fut assez surpris d
hésitations et tergiversations de ce qu'il a
pelait la critique « autorisée ». Il trouva
étrange qu'après avoir reconnu le méri
d'un tableau, elle repoussât « l'auteur so
des prétextes étrangers à son œuvre,
qu'elle comblât d'éloges un artiste dont el
jugeait « les tableaux faibles ou ridicules
A de pareilles inconséquences il ne déco
vrit qu'une explication : la critique autoris
approuvait quiconque avait du succès aupr
des « honnêtes gens » et des « jolies fen
mes, » quelle que fût sa valeur comme a
tiste, parce qu'elle était lassée, ennuyée
pensait qu' « après tout ce n'est pas bi
important ». Or, ce dernier point il se ref

sait absolument à l'admettre et personne plus que lui n'avait le droit de protester.

L'art, quand il n'exprime rien, a peu d'importance ; quand, dédaignant les conceptions chimériques ou surannées, les fantaisies puériles ou malsaines, il s'inspire d'idées vivantes, de sentiments actuels, vraiment humains, il en a beaucoup. Telle était la ferme conviction de Thoré. C'est le fait, ou du moins l'intention du réalisme. C'est peut-être à cause de cela qu'il était blâmé et attaqué par la critique autorisée qu'offusquaient son origine et ses tendances plutôt que son manque de beauté ; c'est certainement à cause de cela que, en dépit de ses défauts, il était goûté et défendu par Thoré. Celui-ci voulait que l'art fût autre chose qu'une distraction agréable, une superfétation sociale, dénuée de signification et de portée, et il estimait que réduire la critique à un parlage ingénieux et brillant, mais oiseux et vide, c'est la ravaler misérablement. Sa manière de voir à cet égard n'a varié à aucune époque de sa vie ; il l'avait indiquée en bien des occasions ; il l'a formulée plus nettement que jamais deux ans avant sa mort, lors de l'Exposition universelle de 1867. « Pour représenter la lubricité, les païens dénaturaient la forme humaine par un mélange animal et impossible : le satyre. Il est plus simple et moins trompeur de représenter directement un homme lubrique. Pour représenter l'origine du monde, les chrétiens, conformément au dogme de la création et de la chute, supposaient un paradis primitif, tiré du néant par un vieillard à barbe blanche et visité par des anges volants. La science cosmologique n'a-t-elle pas vérifié, à l'inverse, la formation de notre globe et de notre espèce ?... Comment l'art persiste-t-il dans ces contradictions *formelles* avec la science ? Les mythes ne devraient-ils pas être la vérité quintessenciée ? L'art moderne ne doit-il pas être l'expression, à la fois réelle et idéale, de ce que l'homme voit et conçoit ?... Les arts, touchant ainsi à la philosophie et à la politique, peuvent donc aider à l'avènement d'une société droite et libre. Sans cela, je n'écrirais pas sur les arts, quoique j'aime beaucoup les tableaux, et je me retirerais au bord d'un petit lac, — pour élever des poissons. »

Ces lignes, avec leur conclusion familière et humoristique, peignent plus fidèlement celui qui les a écrites, caractérisent plus exactement l'idée élevée qu'il avait de l'art et de sa mission, la façon dont il entendait et pratiquait la critique, que ne le ferait un long discours. La question y est posée telle qu'elle doit l'être, telle qu'elle l'est déjà par la force des choses. Si l'idéal traditionnel, immuable et absolu n'a plus de puissance sur les intelligences et les imaginations, ce n'est pas à dire que l'art n'a et ne saurait avoir aucun idéal. Celui qu'il poursuit ou poursuivra procède du savoir indéfini, non d'une foi aveugle en l'infini ; son origine et sa fin sont tout humaines ; mais il existe ou existera. Thoré le sentait, le prévoyait, c'est pourquoi il ne séparait l'art ni de la philosophie ni de la politique. Il voulait que la philosophie, synthèse méthodique et systématique de nos connaissances positives, préservât l'art des fausses appréciations, des principes erronés, et que la politique, régulatrice des rapports entre les hommes, lui enseignât quelle est la constitution normale des sociétés, quelle est la meilleure organisation de la cité. Ce n'était que d'elles, isolées ou réunies, que pouvait émaner le seul idéal acceptable par l'esprit moderne.

Il y a eu, il y a dans la presse démocratique, des critiques qui ont essayé d'expliquer comment il est possible que l'art concoure au progrès social et reçoive de celui-ci une impulsion favorable ; il n'y en a pas qui l'ait fait aussi clairement, aussi judicieusement et complètement que Thoré. A chaque moment de sa laborieuse carrière, dans les temps troublés et aux époques paisibles, d'abord avec quelques tâtonnements, ensuite avec une sûreté croissante, il les a toujours montrés se prêtant mutuellement aide, et il n'a jamais sacrifié l'art au progrès social ou subordonné le progrès social à l'art. Il admettait entre eux une sorte de hiérarchie et la respectait ; cependant, s'il croyait fermement au progrès social, il aimait trop passionnément l'art pour lui demander de renoncer à une seule de ses qualités essentielles. Il niait d'ailleurs qu'un amoindrissement quelconque de celui-ci pût être en quoique ce fût profitable à celui-là, puisqu'ils avaient tous deux un but et des intérêts identiques.

Thoré avait le parler franc, l'esprit net, le cœur chaud, et il était aussi peu disposé aux concessions en matière d'art ou de politique que sur les questions de devoir ou d'honneur. Il souhaitait ardemment le triomphe des idées qu'il considérait comme la vérité et la justice mêmes ; mais il ne consentait pas à en chercher la réalisation au moyen de transactions ou de faux-fuyants. Il avait une vive affection pour quelques-uns de ceux avec lesquels il avait été, dès sa jeunesse, en communauté de pensée et d'action, il prenait à tâche d'exalter leur talent, d'établir solidement leur renom ; il leur prodiguait l'éloge en toute occasion ; il leur donnait sans cesse des preuves irréfragables d'un profond et sincère dévouement ; mais, quoi qu'il lui en coûtât, il n'hésitait pas à blâmer hautement, ouvertement, son ancien compagnon de lutte quand celui-ci quittait le droit chemin en vue, soit de quelque sordide avantage, soit d'on ne sait quelle sotte et vaine satisfaction d'amour-propre. Jamais, ni dans sa vie publique, ni dans ses écrits, il n'a eu une sérieuse défaillance, il n'a agi ni parlé contrairement à ses principes, il n'a démenti ses théories ; aussi nul n'a mieux mérité qu'une main amie gravât sur sa tombe ce mot de Shakespeare : *he was a man* — c'était un homme.

Paris. — Imp. réunies C, rue du Four, 54 bis. — 2377.